文史哲詩叢

蔡宗翰著

傷痛詩集

文史哲出版社印行

文化建設委員會贊助出版

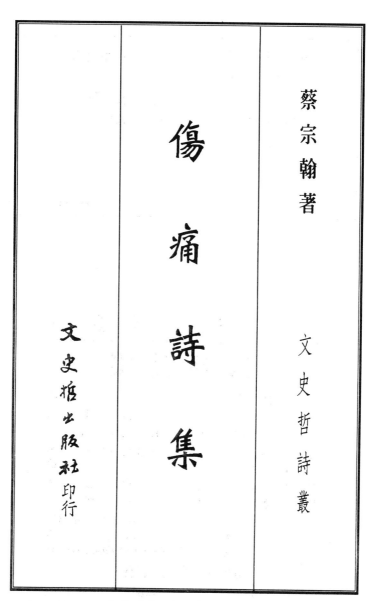

國家圖書館出版品預行編目資料

傷痛詩集 / 蔡宗翰著. -- 初版. -- 臺北市：文史哲, 民 95
頁 ： 公分. --（文史哲詩叢；76）
ISBN 978-957-549-691-3 (平裝)

851.486 95021323

文史哲詩叢 76

傷痛詩集

著　者：蔡宗翰
出版者：文史哲出版社
http://www.lapen.com.tw
登記證字號：行政院新聞局版臺業字五三三七號
發行人：彭正雄
發行所：文史哲出版社
印刷者：文史哲出版社
臺北市羅斯福路一段七十二巷四號
郵政劃撥帳號：一六一八〇一七五
電話886-2-23511028 · 傳真886-2-23965656

實價新臺幣二〇〇元

中華民國九十5年（2006）十一月初版

ISBN 978-957-549-691-3

詩是信仰・也是寄託

在文藝研習班的新詩課程中，我發現蔡宗翰是個特殊的學員，他溫文有禮而沉默寡言，對詩國度的探索，確有異常的熱忱。受限於他生活的藩離以及閱讀的範圍，他寫作觸角的伸展不夠寬遠，但對生活的回憶却清新可喜，作品裡常見新的創意，而讓文字與思想達成跳躍式的表達。

詩對他是信仰，也是寄託，數十年的人生旅途，他有許多精神負荷的坎坷與疑惑，但他依然逆流而上，對文學與愛充滿了美好的憧憬。

他的第一本詩集「傷痛」是他寫作的里程碑，深信他能克服他的傷痛與障礙，無論在生活上或在寫作上均能更登一層樓，走上嶄新的光明前程，我深深祝福。

二〇〇六年十二月 **綠　蒂** 於文協

自序

台北市立大安高工傑出校友，在未得精神疾病之前是實至名歸，幻聽以後只能說聲對不起。

曾經在台北市立療養院和富善醫院住院治療共是一年六個月的時間，在市立療養院還被中國電視公司採訪的攝影機拍過，電視公司曾於新聞節目播過介紹，我在療養院的電視機看到，從此我深深覺得生病並不可怕，可怕的是自己不敢面對。

因爲幻聽的病，讓我按鄰居家的電鈴被打三十幾下眼睛，僅打鄰居三下；有目擊者說，我被打的時候還滿面笑容，而被判傷害罪；找工作老是碰壁，但我不氣餒，現今選擇了寫作，內心十分感動，想這幾年綠蒂先生的教誨，陳琳的支持讓我成長，讓我看清楚寫作這條路的辛酸與快樂。在此謝謝綠蒂先生和陳琳。

當然，也要謝謝買此詩集的人們，我不認識您，可要謝謝您的分享。

（此詩集裡的詩都有在報紙、詩刊、雜誌刊登，盼購買的人，會發自內心喜歡。）

二〇〇六、八、十八 **蔡宗翰** 寫於中和

傷痛詩集

目 錄

傷痛

妳的傷在我身上
妳的痛在我心上
妳說：妳要
到很遠很遠的
地方　但是
我傷我痛
你放心不下我的
如何到遠方？

在這淒寒的冬季裡
妳想的全都是我
忘記了自己的傷

卻堅定的記得我的傷
妳深信自己的痛不會攸關生命
但妳確定我的痛會逼迫妳的生命
去走那令人難以相信的路

春天來了
妳仍然不變的
看見我的傷我的痛
妳認為我才是妳的
妳的最終的　傷痛
最後的愛情

應徵工作

長大畢業了
我在工作的海岸上流浪
走著
偶爾佇立在礁岩沙灘
眺盼　遠方沒有焦距
我是一隻鷗鳥
當展翅
在工作的海岸上飛翔
朝碧海啄取溫情
都只是為另一天的

朝陽

長大畢業
工作是為了服務社會
取得的溫情
是為了能深化明日的服務

我的詩篇

（一）

似　蕃茄
美麗高雅的外衣表面
其實是面紅耳青的肉，生氣的
多汁又多自以為是的淚的
五臟六腑和那一粒粒的
對別的詩人的詩的忌妒
都藏於深處

（二）

像　柳丁
圓滑黃色的外表

剝開後，有
白的保護色
黃色的肉
黃色的心

（三）

似　葡萄
紅的發紫的外皮
青色的肉
還有幾粒擔心

憶童年 A（廟會）

（一）

福德正神聖誕
嘴裡唸著經
拜著福德正神
拜著神桌上的糖果餅乾

（二）

戲台上唱歌仔戲
戲台下聽歌仔曲
看戲台上美麗衣裳

（三）

戲台後面
看她們化妝穿衣
看著五顏六色的妝和衣
看她們的肌膚
看著她們細白美麗的肌膚

（四）
伍毛錢付了
拿尖尖的鐵標射汽球
射破汽球得傀儡，得
傀儡女暴君
妳是傀儡
還是「女暴君」

（五）
付了伍毛錢，拿

尖尖的鐵標射
魷魚，射了魷魚
烤魷魚，是
烤魷魚，還是
「烤」童年

（六）
熔成漿的糖
放在涼的鐵板上
畫成一條龍
付了錢，拿起
放在嘴裡　舔
甜　甜　甜　甜　甜

（七）
一塊塊麵團

傷痛詩集 18

捏捏一隻西遊記裡的
孫悟空，買來
總想一口吃下
也能七十二變，
「孫悟空」

憶童年　B

（一）
昨夜炲灯下
蚊子撲光一刻不得閒
嗡嗡飛
唸著書

（二）
上學的時候
黑板上的粉筆　吱吱的吵
老師的眼睛不打盹
問題也不打盹

（三）

不生草的黃土操場
有我和她的足聲
有我的淚泊在
牽她的手

回憶在製罐廠

記住那年我們在苗栗
認識的足跡
踏遍整個中尖山的
校園及柏油路
石子路及後山

那製罐廠的成立
銷售量的極頂
將我們在那裡的歡笑與夢醒
送出去
甚至落入海底深溝裏

我到台北
繼續求學
你說你要回到你母親
的淚光裏
許你的未婚妻生弟弟

窗外的雨下著
又是春假過去
那年你我分手的雨好似
還在這裡
待我們說出　回首

回首

我　再次讀見你　容顏
讓昨日的　你回到今日我眼前
我們共同行走在石子路
穿過高速公路下的涵洞　來
國校園的操場
打球或跑步
帶領我們公司的軍職出生總務課長
毫不感到辛勞
陪我們，這群
來中尖山實習的孩子
學習一貫作業全自動化的　機械
這半山腰在稻田之上的工廠

住著溫馨和獨白小世界
走過後山玩過苗栗的山川水色
看見未來　讀見你在製罐技術的
精進　你努力的姿勢
聲名遠播的公司商標
長輩們指望的愉快

我聽見稿紙響起　回首
記得生活學習歲月

淡水長堤

自捷運站下車
經過咖啡亭子
走淡水河堤
白鷺鷥在岸邊
追逐著魚兒小蟲　振翅
去尋覓昨日遺留的
愛情足印

拿著錢包
牽著手
妳包容
我的自大　傲慢

說：我是自信惜花的，是一位
成熟的工蜂
像河堤那樣堅強
保護著淡水

今日情景
走在河堤
河水在笑　白鷺鷥
飛到左岸　八里
我乘著渡輪追過去
成　詩人

嫉妒

巨風吹
瞧玫瑰花在搖曳
扶著綠葉配合
雖然　莖有刺
但，他們是最登對的

葉子在花的下方
愛惜著花朵

看在眼　我
嫉妒　嫉妒
街上的目光全投注

他們身上
我也希望自己是
玫瑰的綠葉
再多刺　我也不怕
願　伴身旁

會更珍惜珍重
戀情的每一個　腳步
每一條　路

雕像

踏著輕快的腳步
走在河溪的床上
尋找巨岩的家鄉
巨岩在水的踐踏下
變化不同的表情

我將帶你回家
放在工作室，細心的雕琢
雕琢一個藝術的模樣
再將你送入展示的殿堂
人來人往
在展示的殿堂裡　你

不變的藝術模樣

我看了看後，下定決心
將你帶回巨岩的家鄉
在水的踐踏下
你依然變化著不同的表情

港口

（一）

情緒
在太平洋行駛
撒網捕捉
命運的魚獲

氣象報告未料及
風大推浪　不平靜
為了讓朝陽　眺望
明日笑容

感情避風的港口

就在回家的路上

（二）

今日天氣　晴
情緒　風平浪靜
昨晚　算命先生的預告

港口的船
準備啓航
駛往
情感的批發市場
滿場叫喊　成交的
愉悅手掌緊握著生命

（三）

港口

33　港　口

網住安定
清冷了看海的地方

而我　生命中的港口啊！
就在漁網
捕捉魚的刹那間

愛情不死

在這玫瑰花凋謝的日子
我們　牽手
妳的影子走著，走在河堤上
逆著水流
向高處　走去
看見雛菊花開
內心湧動著無言的
感動
至此讓我深信
我們的愛情永遠不死
走到盡頭
更見遍野綻放

除了雛菊外　還有
不同科類的花開

想起妳
我便看見眼前的花
一朵一朵接著一朵

愛情
談不上轟轟烈烈
在歷史上也不著一痕
但在內心深深處
種植我們永不凋萎的記事

讀書

（一）

坐在圖書館
讀書
時爾跟旁邊的男孩
竊竊私語
時爾正經八百矜持異常的
坐好
嘴裡唸著
心裡想的
其實全是希望
在青春年華的日子
能有位情愛男孩照顧

疼愛

（二）
在家裡讀書
聽著古典或
流行西洋音樂
等待的是
晚一點
媽媽的
愛心 臭臭鍋

（三）
坐在公園裡
讀書
陽光普照
讀見一篇篇

詩篇和
搞不定的蝴蝶
綠意

（四）

在公車裡
讀書
昏暗與清楚
奏響
讀到的全是
慌

雨和影

走在清寂的道路
雨踽踽而下
路燈不知為何明亮
孤單的身影
襯托不出一絲的黑夜的快意

想起那天約會的故事
河堤旁的燈都知曉
卻待不到妳的出現
只有孤獨照亮了我
坐在河堤上的一幀
一幀眼淚與影子交雜著

河水和燈

雨蹣跚而下
身體濕透的
往遠方走去
沒有目的
只有雨和影
伴著我

看電視新聞網抗SARS

世紀翻了新觔斗
電視新聞網陳列
當不幸煞到你時
請不管隔離功力多好
治療神力有多優　登
山岳挺直腰桿　再
臥看天空吻太陽　想
海仍舊壯闊於遼闊
路仍舊專心於幽長
思想的藍呀！
種在土壤需要待成長茁壯
生命的黃葉阿！

在公園　有很多相吻情侶陪伴
請勿抱煙囪排廢氣
廢氣呀！會御罰單來
人類人的

人類人類人類的
世界是懂得感恩
流血流汗流淚所建築
然，當針線縫紉純白時
再次有心圍家國的悲憤
的腦海與胸膛，此後
友誼的花朵會為你甜甜蜜蜜四季開

葉 子

自強公園
聞不見海風的味
只見雨下來
來讓詩留在自個家
掛在樹梢

陽光喧鬧
滿地的詩
南風吹熟了
在樹上飄動的詩意

園裡活動繁榮

滄桑的腳印
要的不是凋零
而是自強
與詩比新舊
努力辛苦過一朝

一句句　一首首地撿
撿詩的園丁
喜歡快樂　唸詩

詩的葉子啊！

東北風

追逐在屋頂
抓破青瓦
似貓的利爪
漏出了　在
漫漫長夜裏的愛意

關於千禧年大選前的冬夜

夜需蓋棉被取暖
十坪的小套房守住芳心
看平面電視
待我撐傘擋雨回來
注視　注視　妳
深眸　落在
我的懷中

朝陽

妻子圓圓的臉
撲　撲胭脂
在流理臺前
照鏡子

台北的月

日子一張一張撕
才思索至此
心裡有了苦痛　但
只能借攀登　詩山
來表達　萬分之一
哀傷情事

黃昏
鋁製的座椅　坐
一對對　親親我我
談笑風生的情侶
台北　點燃忌妒之燈

在街燈　燒紅臉
迎往照涼快的公園
監視他們

月亮
無從選擇的孤單
沒有星星相偎　望
宇宙　嘆息

命運的蚊子

坐在公園的椅子　上
一隻蚊子在半空飛翔
正尋找著獵物
一不小心
撞到半空中的一面肉牆
那座肉牆就是
兩個山洞旁
人身上頂端的

撞上後便落下　至
腳下的瓷磚上
如此機靈的蚊子

也會落到　被
皮鞋踩死

夏天裡的北極熊

活躍於北極
只能在下雪的
北極地裡活動
肚子餓了
想要吃環紋海豹
或未成年的海象
是那麼的輕而易舉

但是，夏天裡
在極地裡是那麼不自在
在海水裡泡涼
天空飛的鳥都

要欺負我
啄我的身體　好痛哦！

英雄
都是天時
地利
人和
所造就的
是一時的

飢餓的北極熊

北極的冰雪
是北極最佳的生活圈
沒有冰雪
就沒有北極熊

春天到了
一群白鯨游　游
穿過北極的冰雪融化的水道
不幸的　白鯨游到中途
北極的水道又結冰雪
白鯨為了要存活
努力的探頭呼吸

使冰雪有一個洞
可讓白鯨呼吸空氣
但在呼吸中
她們的氣味
被飢餓的年輕北極熊聞到
一步步的走進白鯨呼吸的洞口
年輕的北極熊　撲了一次又一次
終於咬死了一支白鯨
拖上冰雪岸上，才食一口
壯年的北極熊便來
年輕的北極熊只好離去
北極狐來了　來分杯羹
海鷗也飛來了
壯年的北極熊
慢慢食掉死白鯨

傷痛詩集　56

動物界的現象
弱肉強食

燈

（一）
那晚餐裡的眼睛
吃飽了
驚落
在　盤子打坐

（二）
雨裡的宇宙
有　眼睛
看透　雨裏的孤寂

（三）

眼睛賞亮成晴空
閃爍的圖書和字
在框框變換記事
無從躲藏
影子在夜的黑色中
服從；眼睛
不曾疑惑

約會心

（一）

下公車
走到事先
約好的地方等
等人的滋味不好受
我卻樂此不疲
提早了半小時至一小時
讓妳知曉在我心中妳的位置
另外　可以在早到的分針裡
去購買或尋找妳喜歡
需要的小小愛戀
當妳來到時刻

跟妳做最完美最善意的接觸
讓妳興奮的緊緊擁抱
甚至毫無戒心　吻我於唇口裡
在玫瑰花莖上的刺還沒抹去時
都要如臨大敵般　小心
玫瑰花莖上刺已抹去
舒服貼心的日子就近了
但仍要注意玫瑰花瓣
脫水離莖
不可用科技產物塑膠製的玫瑰
日子就一成不變
心就再也沒新鮮紅色笑顏

（二）
自從昨晚跟妳約定
今天早上見面

61　約會心

心就開始　緊張
無法舒緩內心的感動
在此之前被妳委婉拒絕
約妳的嘴
目標已亂　再也沒信心
此次約妳　憑藉
同學們打賭的遊戲
害怕妳被別的愛慕者邀請
使痛苦加烈　愛戀成灰
掉入深淵　而體無完膚
說實在的　感謝
同學們的調皮
讓機會沒有錯過
戀愛就這樣燃燒開來
將妳我的熱情燒在一起
（小雨燕張翅捕捉昆蟲

餵養剛出生的小雨燕）
同學們的調皮成永恆回憶

現代香妃

這樣輕輕淺淺走
香水熱鬧的街上購
噴擦理直氣壯
妳自己胴體
流洩一句句詩的芬芳
每一句都訴説妳的情意
而妳　心目中的皇帝
是　清朝高宗或其他
只要妳請我就願意
我眼眶湧現感動情愫
粉紅玫瑰琉璃珠　淚

妳手提利刃
為這個家煮飯燒菜
我拿起針線
為妳縫衣補裙
只要妳許可
妳是我唯一合法登記的
結髮妻子　現代香妃
太后　我的母親
捧妳在手心
如　我

牽掛

下雨了
雨打在傘上答！答！答！響
像似我內心在作響　想著妳
牽掛著　是我唯一
能排遣生活的事件
牽掛讓我知道
活的有意義
想　妳彈鋼琴舞黏巴達
使我　難以忘懷

雨停了；
妳才慢慢地從遠方陰雲裡

探出頭　妳嫣紅的模樣
我不禁想要向前　向前
看清楚
頓時才知道
牽掛是多餘
因為妳
臉紅依偎一位男人的懷裡
已不是我認識妳時的樣子

一往情深

記住那年在新寶天地大廈
櫃臺前，我注意　你
很久很久　走進走出
便對自己　許下諾言
天上星子，屬於你
想摘？　我就是
我就是你要的
星子！我寫了一首詩
寫對你的傾慕
　給你摘
星子閃動著
藉那首詩

我取得了夜晚的通行證
不管是手機
傳統電話
面對面
還是到你家
我們都唱和快樂美麗的夜
沒有孤寂，有你
那首詩
伴著

痴痴的等

夜已低垂，痴痴的
我仍然等著妳
妳讓電話作響
不管是傳統電話
還是　手機！
守著十坪大的套房
點著昏黃的床頭燈
睡眼惺忪等著
想著妳迷矇的眼睛
愛著妳口裡的我

等——門鈴不響

等待它響
期待妳輕巧瞭亮的
高跟鞋的腳步聲
妳甜甜的紅玫瑰的笑聲
款款走入我懷裡
夜已沉深
我雖已入夢
但，我並未躺平於床
更何況　夢裡的我
依然　枯坐　兩眼望穿秋水
妳的身影不見　我漸漸瘦了

回憶農村生活（一）

（一）

起個大早
外婆正在廚房　石灶
下方引火口　用木頭引火
準備在石灶上　炊飯
洗淨的米　鍋子煮
鍋鏟　翻翻炒炒　不停的
鍋子煮熟　米
的鍋巴　就是
我小時候在外婆家的早餐

晨風吹

種在田裡的菜
搖曳，瞧這户人家
願意伴他們　走
人間十二月天

（二）

食完晚餐
各自回自己的寢室
沒有電視可供消遣
只有　收音機

聽著聽　與外公
頭向門口　同躺在
五十公分高鋪草席的木床上
竹編枕頭　聊　今天
農務和他們走過的痕跡

外公用慣有　海口音的台語　突然
問我大漢要作什麼
回答不出一點兒
只好側躺　看外公的肩膀
到底我能挑多重的責任
其實內心　樂觀笑著

回憶農村生活（二）

（一）

小白鷺補食小蝦
牛戲水食草
黃頭鷺佇立牛背
瞻望四周覓食昆蟲
魚與其他小生物
牠們相互踩節奏
玩了整個大白晝

小白鷺振翅　飛離
牛和黃頭鷺身旁
夜鷺飛抵　溪流間覓著蛙、魚

（二）

記得小時候　早出
太陽未露臉前
外祖父母在農田
種菜除草
直頂著
大太陽下自給自足的辛苦

每暑假到　自台北乘搭擠人
不方便的火車
來台中縣　伴他們
坐牛車帶笑容
體驗農村日子
收穫　滿滿　像西下夕陽
又圓滿又紅透果實纍纍

（三）
四合院大蹈埕
小時候玩泥土的地方
每到佳節大人們
懷念　對岸與旅人
在大蹈埕喝　一瓶瓶的酒
看電視　聽傳句句希望

（四）
四合院大蹈埕
小時候玩泥土的地方
玩泥土　做炸彈、飛機　不能炸
不能飛　只能玩

捍衛愛情

坐在速食店裡
窗外下濛濛雨
對面坐一位　姑娘
不安份　擺姿勢
眼眸放出歡喜的　電
慢慢向我而來
不一會兒　我的
情侶走了進來
坐我身旁瞧那姑娘
一轉身眼睛閃爍電　流到唇
妳唇強吻我唇
姑娘　望了望看了看便匆忙離開

一隻小雨燕在速食店窗口
神奇　不怕風雨　飛奔離去

我牽情人的手
走出速食店
愛情在傘下格外　甜蜜
去欣賞文藝愛情電影

台北捷運電扶梯的風景

上班的時間
匆忙趕路到公司的
男男女女向捷運站走
五彩繽紛的廣告閃爍
人擠人搭電扶梯下至新埔站
捷運坐乘排隊堤岸的等候線上
捷運來了　乘坐的人
有秩序　先下車廂再上車廂

還來不及喘息
便到了台北捷運站
跟我一樣　換搭捷運到別的方向

走出車廂　精神突然抖擻
搭電扶梯　我站右手邊緩緩上升
左邊的人　按規定快步登電扶梯
瞬間看見　左邊走電扶梯的
小姐都穿裙子　窈窕身材
配合有小肚曲線玲瓏的漂亮小腿
讓我雙眼美不勝收　心動
炫目的廣告映入彩虹膜
內心湧動　想抱住　西施
放下癡心　坐上往新店的捷運
才開闊胸襟
靜靜想　萬一抱了西施
警察會放過我？！

西施請不要　生氣
我只不過是位詩人

請妳　寬容　原諒
假如我抱了妳　西施！

信佛教的母親

（哪位母親　不冀望
全家似風中麻雀
平安幸福有智慧）

認識一個人是不容易的
相信一尊歷史人物
木偶　阿彌陀佛
媽媽禮佛令人敬佩

清晨四點鐘，母親
登上六樓拜觀音
帶茶水及餅乾

唸南無阿彌陀佛
再回五樓客廳
唸　大悲咒
原來的茶水　餅乾
是大悲水　平安餅
（窗外麻雀　醒來
吵嚷著　吱吱喳喳「早起的
鳥兒有蟲吃」）
我早晨八點起床，這是
母親默許的特權
食大悲水和平安餅

貪吃的麻雀

下了公車
在信義計畫區
輕鬆自在的走
要經露天咖啡座
來往行人都駐足
買咖啡　擋太陽的大傘下
坐著喝並且手動指下畫上
東南西北聊　來到
速食店　毫不考慮
買了可樂與薯條
也有露天坐位　我坐著
吃放玻璃圓桌上的可樂薯條

突然　一隻麻雀
飛上玻璃圓桌上　伴我
離手近在咫尺　咬了一根薯條
便馬上飛往坐位旁的草叢
三五隻麻雀　跟著　搶食

我反應太慢　沒能抓住
搶薯條的麻雀
不能好好教誨牠
飢餓又貪吃的麻雀

育小憨堅鳥

沒有人類
無　天敵的島
憨堅鳥
在此生蛋繁殖下一代

島裡擠滿　鳥和巢
大家和平共存

嘆！　除非
有憨堅鳥　在海上
食飽回岩島育子
飛翔落腳處

到錯自己的巢
漫步走回　經過
其他鳥的地盤
一隻啄二下
有時會被活活咬死
橫屍在路上

或許　敦親睦鄰的工作沒做好
所以　經過其他鳥的領域
才會被啄二下
自己是自己的敵人

問神（抽籤詩）

未來這座廟之前
內心就想知道
不解問題的答案

看著坐神案的偶像
擺上素果點香膜拜
唸一字字一句句
內心滄桑　並
想取籤詩　告知偶像
待香燒半　紙錢燒完　擲茭
一正一蓋　聖茭

便可取籤

再問
再問籤號對否　聖茭
就可拿　籤詩

上上籤　對求
身體健康
並非好籤！
必須作最壞打算。

鄰舍的快樂

每到星期日或假期
鄰近居民就快樂
順音樂伴唱機的節奏
唱一首首的歌
不管老歌、新歌

幾年來　都是
那一家的唱聲
最近卻是
三、四家唱

想早點上床睡覺

但，兩眼瞪著床邊的
電視　無法合眼入睡

只要鄰居相處得好
不是嘈聲　即使
五音不全　其實也還好
鄰里種的
百合花開了

一個人

一個人
沒有親情送行
沒有愛情跟隨
乘坐火車
離開台北
不需揮手
不回首
我是匹脫韁的　馬
一個人奔馳著孤寂
一匹不需馬廄
在原野奔馳
內心迎向前程

但 一個人 走

有些寒涼
雖然是炎夏

曾經擁有綠葉花紅陪伴
滿是親情愛人的日子
如今只有一個人
一個踏著命運走
在前端望向路盡頭
連影子都沒有的人

命運

在茫茫人海
每個人都有想走的路
有一片天
詩人也不例外
天天踩著雲
塗著方塊數著詩
執著　付出一切
只為了一首詩
一首寫了未完
宿命的詩

塗著燦爛

打鼾聲總短促
生命難得精采
長吟精采的　是詩

或許　愛上詩
就是永遠無法成功的路
是全世界知識份子
都在看的樣子
被關在自由裡的自由

西伯利亞來的女孩——紀念第一夫人蔣方良女士

西伯利亞來的女孩
離開了我們心中的視線
她踏彩虹一步步帶著微笑
而且
她笑說你們要跟我一樣
要笑，要愉悅的笑
西伯利亞來的女孩會
為你們祈禱
祈禱健康，
祈禱快樂
和平的日子永遠屬於這個世界
這地球村的人

因為你們健康快樂和平
我就可以
離遠，離遠
無憂無慮去
走走彩虹為我
搭的橋，
入天邊的一扇門
沒有煩惱
愛已經長出芽
生出葉
在你們細心照顧下
會叫它開花　結果
不斷長大茁壯
西伯利亞來的女孩說的。

東西方的不同

白晝裏　有陽光時
會有光明的地方
有陰暗的地方
歐美人喜歡　陽光
臺灣人歡喜躲進陰暗
為什麼歐美如此強盛
　臺灣如此衰敗

雖然　照射陽光容易得
皮膚癌　但
適當的照射陽光　可得健康
在陰暗求皮膚白晳

可是健康呢？

現今　臺灣
愛陽光的人越來越多
人們到處飛翔
飛到全世界
愛陽光的地方

照片

詩句
裡面有妳的熱情姿勢
有我的溫暖表情
我們相互倚戀
　相互翻閱
直到泛黃

泛黃的詩句裡
妳依然擺著微笑
我仍舊擁抱著妳
直到被撕毀
似落葉

在公園裡隨風飄蕩
在草坪上打滾
變成養份
被樹草的根吸收

再拍一張照留作紀念
或許；仍然是妳
也許；已經換的女主角

飛翔三月詩會

妳罵我的　話
將它放置鍋內　炒熟
用筷子夾　來吃
相信一定很好吃　很營養
讓我翅膀長　硬
而且是　很硬　很硬　超合金
飛　不憂鬱　不閒聊
忙　看人與人互動的
良善　感謝妳！三月詩會

我是隻　大白鷺
飛翔三月詩會

公園水域裡
腳攪動　四竄小詩
然後　捕食　我
是一隻冬候鳥
難道妳也是冬候鳥？

哦！妳是翅膀　很硬　很硬的
超合金小白鷺　留鳥
我一時眼花
把妳的身高　長相　當
大白鷺。

三月詩會與海鳥

我在海岸寫詩
不知該往何處寫
端詳海鳥老半天
海鳥叫聲不斷
才想回顧這一年

現在雖然是　冬季
寒風刺骨　卻沉醉於
三月裡詩情畫意的春天
海鳥飛翔高高點點雨絲的天空
不想回家
不要棲息岸上能擋雨的地方

享受雨打在身上　和
迷朦的前方　有人
等待　出現身影
相伴　愛的現代

沒有任何雨阻礙得我的行蹤
三月詩會　每月一次的相聚
我很難按奈
總希望那天早日來到

海浪滔滔不絕
天空冷雨閒情
海鳥毫不客氣飛叫
因為台灣現在仍然　是
人們心中的三月天
所以有三月詩會
存活　十幾年。

好久不見

隔著台灣海峽
妳回去了
回到妳家
去找母親眼眶生出的珍珠

自從妳遠離了台北
台北的夜分外的孤單
星星都被工業污雲所蒙蔽了
偶爾可以看見　月兒
醒時的模樣
親愛的　夜空一片死寂

忙碌生活可否想起　守住芳心
在對岸潔身自愛守候
月兒度過漫漫長夜
只看一個人説
靜寂

科莫多龍比武招親

印尼的科莫多島
住著一種　龍
不！是蜥蜴
體長二、三米
的巨蜥

公龍　每天都欺負母龍
因為搶食食物

但每到交配期
公龍必須比武
看誰的噸位大

比較有力
翻身後再比，往往要一小時
常常比賽過後
勝者仍需討　母龍歡心
母龍看完招親結果
還是跑給追；避不見面

公龍使出渾身解術
抱住母龍
親吻後母龍才就範
與之交配

下一次交配期到
公龍依然　要
比武，循著慣例一次
又一次

小倩的愛情觀

（一）

妳的　可樂飲料
像妳現在的愛情
冰涼　有低熱量的
檸檬口味
吃不胖　解渴
身材可保持苗條

然，沒吃飯
喝檸檬口味
容易傷胃
因為檸檬是　酸的

呵！檸檬被稀釋了
所以不會傷胃
讓愛情走更長路
不是觀光遊覽

愛情是歷久彌新的

（二）
愛情似可樂
口渴便買

可樂裡的汽　想飛讓人
可樂　喝完
瓶罐便可丟

淡水日頭（台語現代詩）

汝的笑容
自透早開始
阮無閒的目色
嘛予汝吸引
只有汝是阮寂寞（zik bok）時
唯一會當排除生活不如意事情

難忘的笑容
抹薄薄的椪粉（phong hun）
親像台北上班的女郎
走輕快無閒的跤步（kha poo）
自透早到黃昏

才停止滿頭殼內理想
看鏡內的自己
欣賞　汝的
　　　笑容

關渡夜色（台語現代詩）

天頂的星
照著阮
照著黑暗的
浪湧　聲聲叫著恁的名字

恁佇阮身邊
道路上的路灯　就
看著恁美貌上的椪粉
看阮心內話絕無吞隱
雖然　阮親像
暗光鳥無停甲恁搶
搶水內的魚物

但是　恁
是這個黑暗世界的
星

見到恁　心內
就輕鬆　想要
七𨑨　恁

註：阮＝我
　浪湧＝浪
　恁＝妳
　粧粉＝化妝粉、胭脂粉
　吞隱＝隱忍、忍耐
　暗光鳥＝夜鷺
　無＝沒

佇＝得、在
親像＝像
七迌＝玩、遊戲

想恁（台語現代詩）

海攏無波浪？
這是日頭腳甲天借乀想法
佇在岸看海
心肝是激動乀
恁的聲音
形影
靜靜　像海！
在阮乀腦內
無法度消失
在阮心內
無法度理解

玫瑰花會謝天謝地
永遠無面見人
痲會漸漸大叢
佇阮身邊
看阮的才情？！

枕頭（台語現代詩）

阮要睏
就愛找枕頭
雖然有人
無枕頭嘛乀睏

堆三個枕頭
嘛有人！
可惜睏是
放爽快的代誌
三塊枕頭
堆得睏
感得無憂　無惡夢

感無真痛苦？！

翁某那合作
無枕頭嘛乀
做　風颱！

註：阮＝我
睏＝睡覺
乀＝可
代誌＝事情
無＝無
翁＝丈夫
某＝妻子
風颱＝颱風；意指做愛